E.-P. Davoust

Danger de Mort

Ernst Klett Stuttgart

1. Auflage 1 4 3 2 1 | 1985 84 83 82

Alle Drucke dieser Auflage können im Unterricht nebeneinander benutzt werden. Die letzte Zahl bezeichnet das Jahr des Druckes.

Zeichnungen: Gerhard Ullmann, Sulzbach.
Kartographie: Karl Harig, Reinheim.
Druck: Stuttgarter Druckerei GmbH.
Printed in Germany.
ISBN: 3-12-596400-8

Table des matières

Mademoiselle Delage

La Mayenne n'est pas un département très connu. On traverse la Mayenne pour aller de Paris en Bretagne, mais on ne s'arrête pas. Ce n'est pas une région de grand tourisme, comme la Bretagne ou la Normandie, mais c'est une jolie région, avec des champs et des bois, et des petites villes agréables, comme Evron.

Mademoiselle Mathilde Delage habite Evron depuis qu'elle est née, depuis soixante-dix ans. Elle n'est pas mariée, ses parents sont morts, elle n'a ni frère ni sœur. Elle vit seule, dans le même appartement, depuis quarante ans, au premier étage d'une vieille maison, sur la place du marché, un quartier tranquille.

Deux fois par semaine, il y a le marché. Cela donne un peu d'animation, et c'est une distraction pour Mlle Delage. Une autre grande distraction dans sa vie, c'est la messe du dimanche. Elle y retrouve ses amis et connaissances et bavarde un bon moment à la sortie de l'église. Et comme ça, Mlle Delage apprend les dernières nouvelles, la mort de la femme du notaire, par exemple, la semaine dernière.

Mlle Delage est en très bonne santé, elle a bon appétit, elle n'est jamais malade, à part un rhume ou une petite grippe de temps en temps. Elle se couche tous les soirs à 9 heures et elle s'endort comme un enfant, jusqu'au lendemain matin.

Et voilà que, tout d'un coup, cette vie tranquille est bouleversée par une terrible catastrophe: la quinzaine commerciale vient de commencer et, cette année, on a installé un bal populaire sur la place du marché, juste sous les fenêtres de Mlle Delage. Le bal commence à 8 heures du soir et s'arrête seulement à une heure du matin. A cause du bal, Mlle Delage ne peut plus dormir.

Cette nuit, des jeunes gens sont restés sur la place, après le bal. Ils parlent très fort, ils rient beaucoup. Mlle Delage regarde l'heure: «Deux heures du matin! Non, ça ne peut pas continuer comme ça. Je vais finir par tomber malade.»

Et Mlle Delage a très peur de tomber malade. C'est pourquoi, le même jour, à cinq heures, elle sonne à la porte du docteur Verrier.

Chez le docteur Verrier

– Je peux voir le docteur?

– Vous avez rendez-vous?

– Non.

– Alors, vous allez attendre un peu. Il y a trois personnes avant vous.

– Ça ne fait rien.

– Si vous voulez entrer par ici.

Mlle Delage s'assied à côté d'une dame. Il y a aussi deux messieurs. Personne ne parle. Les messieurs passent, puis la dame. Mlle Delage reste seule. Elle est vraiment très fatiguée aujourd'hui. Ses yeux se ferment …

– Mlle Delage! Mademoiselle!

– Oh, pardon, docteur, je crois que je me suis endormie. Excusez-moi!

– C'est moi qui m'excuse, Mademoiselle, je vous ai fait attendre. Entrez, je vous prie … Oh, tenez, vous oubliez votre sac.

– Merci, docteur.

– Asseyez-vous, chère Mademoiselle, et dites-moi ce qui ne va pas.

– Voilà, docteur, je ne peux plus dormir.

– Comment? dit le docteur avec un sourire, vous ne pouvez plus dormir? Mais il me semble, au contraire que …

– Je veux dire … je ne peux plus dormir la nuit. A cause du bal, sur

la salle d'attente = Wartezimmer
étonné(e) = erstaunt

la place du marché. Et ça va durer quinze jours. Vous comprenez docteur, je ne peux pas rester quinze jours sans dormir!

– Je vous comprends, Mademoiselle, je vous comprends.

– Cette nuit, ils ont fait du bruit jusqu'à deux heures du matin. Non, ce n'est pas possible, à mon âge, on a besoin de dormir la nuit.

– Eh bien, je vais vous donner un petit somnifère.

– Un petit somnifère? Non, docteur, avec le bruit qu'ils font, il me faut un somnifère très fort.

– Ecoutez, chère Mademoiselle, vous êtes en bonne santé, n'est-ce pas? Normalement, vous n'avez pas de mal à dormir, vous n'avez jamais pris de somnifère?

– Non, jamais.

– Alors, j'aime mieux vous donner quelque chose de léger, pour commencer. Vous allez prendre un comprimé avant de vous coucher, et si vous ne dormez pas, vous en prenez un autre une heure après.

– Non docteur, j'ai mes petites habitudes, et à mon âge, on ne peut plus en changer. J'ai l'habitude de m'endormir tout de suite quand je me couche, et de me réveiller le lendemain matin. Je veux m'endormir tout de suite. Donnez-moi quelque chose pour dormir tout de suite.

– Evidemment, il y a des somnifères plus forts, mais ils peuvent être dangereux.

– N'ayez pas peur, je suis solide.

– J'en suis sûr, Mademoiselle, mais je veux faire un examen.

– Faites votre examen si vous voulez, mais donnez-moi un somnifère aussi fort que leur musique!

Le docteur fait son examen. C'est vrai, elle est solide, la vieille demoiselle. Elle peut prendre du Noctamax. Le docteur écrit une ordonnance. Mlle Delage remercie, paie et s'en va.

Elle sort de chez le docteur, prend la rue Carnot. Elle passe devant la pharmacie Gourdon, mais elle n'entre pas. M. Gourdon est un jeune pharmacien, il est à Evron depuis deux ans seulement, et Mlle Delage ne le connaît pas. Il y a un autre pharmacien à Evron, M. Mousset. C'est un ami de Mlle Delage, et c'est chez lui qu'elle va.

A la pharmacie Mousset

– Tiens, bonjour, Mathilde! Comment allez-vous? demande M. Mousset. Vous n'êtes pas malade?

– Non, pourquoi?

– Ma femme vous a vu tout à l'heure entrer chez le docteur Verrier. J'ai pensé: «Mathilde chez le docteur! Ça, c'est un événement!» Vous n'êtes pas malade au moins? Qu'est-ce qui vous arrive? Rien de grave, j'espère?

– Non, c'est le bal, tout simplement.

– Ne me dites pas que vous avez été danser!

– Il n'y a pas de danger. Mais, vous savez, avec leur musique, ils m'empêchent de dormir.

– Ils font beaucoup de bruit?

– Ne m'en parlez pas. Jusqu'à une heure du matin. Et c'est comme ça toutes les nuits. Vous n'avez pas vu? Le bal est juste sous ma fenêtre. Cette nuit, je n'ai pas pu dormir avant deux heures du matin. Alors j'ai été voir le docteur Verrier. On dit que c'est un bon médecin. Tenez, il m'a donné ça.

Mlle Delage ouvre son sac et sort l'ordonnance. M. Mousset la lit.

– Dites-moi, c'est très fort, le Noctamax.

– C'est moi qui ai demandé quelque chose de fort.

– Oui, je comprends, mais ça peut être dangereux pour le cœur.

– Le cœur? Oh, il a regardé. Il m'a dit: «Vous avez le cœur d'une personne de 30 ans!» Il m'a dit de prendre un comprimé seulement. Il dit que c'est assez.

– Oui, je vois, un comprimé, le soir, au coucher. Bon, je vais vous donner ça, mais ne prenez pas plus d'un comprimé. Il ne faut pas jouer avec le Noctamax.

M. Mousset se penche vers Mlle Delage et baisse la voix.

– Vous savez, la femme du notaire, c'est ça qu'elle a pris. Evidemment, elle a pris toute la boîte, et alors elle ne s'est pas réveillée.

– N'ayez pas peur, je n'ai pas envie de faire comme elle, je tiens à la vie, moi!

M. Mousset prend une boîte, sur un rayon. Il écrit dans un grand livre le nom et l'adresse de Mlle Delage.

– Vous en faites, des écritures!

– On est bien obligés.

M. Mousset revient vers Mlle Delage. Il entend une voiture qui passe. Il lève les yeux. A Evron, quand une voiture passe, tout le monde regarde pour savoir qui c'est. A Evron, tout le monde connaît tout le monde et tout le monde connaît la voiture de tout le monde. Mais cette voiture-là, M. Mousset ne la connaît pas. C'est un étranger, sans doute ... Oui, c'est sûrement un étranger, parce qu'il arrête sa voiture devant la pharmacie. A Evron, tout le monde sait qu'il est interdit d'arrêter sa voiture dans cette rue. Il y a un parking tout près, sur la place de l'église.

M. Mousset pose la boîte sur le comptoir.

– Tenez, voilà.

Mais Mlle Delage s'est retournée. Elle regarde, elle aussi, cette voiture étrangère arrêtée dans un endroit interdit. Un monsieur descend de la voiture. Il se dirige vers la pharmacie.

– Il vient sûrement chez vous. Vous le connaissez?

– Non, répond M. Mousset, je ne l'ai jamais vu.

– Avec l'autoroute, on voit toutes sortes de gens maintenant, à Evron.

On a, en effet, mis en service une autoroute Paris–Le Mans–Rennes, qui passe près d'Evron, et les voitures qui doivent aller vers le nord du département quittent l'autoroute à Evron. Cela fait de la circulation dans la ville.

18 heures. Un client inconnu

La porte s'ouvre, c'est l'automobiliste.

– Bonjour, Madame, bonjour, Monsieur.

Mlle Delage et M. Mousset répondent aimablement, mais ils

regardent ce client inconnu avec curiosité. Il porte un costume gris clair, de bonne qualité. Il a une cravate. C'est un Parisien, peut-être.

– Vous désirez, Monsieur? demande M. Mousset.

– Est-ce que vous avez quelque chose pour l'estomac?

– Vous avez mal à l'estomac?

– Oui, ça me brûle, et j'ai terriblement soif.

– Est-ce que vous avez mal à la tête?

– Oui, un peu.

– Et vous avez souvent mal à l'estomac?

– Non, jamais.

– Qu'est-ce que vous avez mangé à midi?

– Une choucroute, en vitesse, dans un restaurant de l'autoroute.

– Et vous êtes reparti tout de suite?

– Oui, aujourd'hui, je suis un peu pressé, j'ai beaucoup de kilomètres à faire.

– Eh bien, cher Monsieur, c'est la choucroute, tout simplement. C'est un peu lourd à digérer, surtout si on reprend le volant pendant la digestion. Mais ce n'est pas grave. Je vais vous donner des comprimés.

M. Mousset va prendre une boîte sur un rayon et revient.

– Vous prenez deux comprimés, dans un verre d'eau.

– Maintenant?

– Non, c'est mieux si vous les prenez juste avant votre repas. Faites un dîner très léger, ce soir. Pas de choucroute!

– Oh, n'ayez pas peur, je n'ai pas très faim. Deux comprimés, vous avez dit?

– Oui, deux, dans un verre d'eau, juste avant de dîner.

M. Mousset met la boîte de comprimés sur le comptoir.

– Je vous dois combien?

– 15 francs, merci.

Une ombre passe devant le magasin. M. Mousset jette un regard vers la rue, mais c'est Mlle Delage qui dit au client:

– Attention, Monsieur, voilà la police.

– La police, et alors?

– Vous avez garé votre voiture devant la pharmacie.

– Oui, dit M. Mousset, il est interdit de stationner dans cette rue.

– Oh, là, là! J'y vais, excusez-moi.

Il sort précipitamment.

– Ça va s'arranger, dit Mlle Delage, c'est M. Martin, il n'est pas méchant.

– Ça s'arrange avec les gens du pays, mais avec un étranger …

M. Mousset et Mlle Delage se sont approchés de la porte et regardent la scène. L'agent de police, M. Martin, a sorti son carnet. Le client discute. Il montre la pharmacie. L'agent remet son carnet dans sa poche. Le client revient.

– Alors? demande M. Mousset.

– Ça va, c'est arrangé, mais il m'a dit de partir tout de suite. Je file.

Le client va jusqu'au comptoir, prend la boîte de comprimés, revient, dit au revoir à Mlle Delage et à M. Mousset, sort du magasin, monte dans sa voiture et démarre.

– Eh bien, dit Mlle Delage, il est pressé, ce monsieur.

– Vous savez, il a raison de partir, Martin n'est pas loin.

– Bon, eh bien, moi aussi, je vais partir.

Mlle Delage retourne au comptoir.

– Où est-ce que vous avez mis ma boîte de somnifère?

Une erreur

– Elle est sur le comptoir.

– Non, la boîte sur le comptoir, c'est du ... attendez ... Gastralgan.

– Du Gastralgan? Non, ce n'est pas possible!

M. Mousset prend la boîte qui est sur le comptoir, la regarde, la repose. Il est très pâle.

– Oh, mon Dieu!

– Mais qu'est-ce qu'il y a? demande Mlle Delage.

– Le client s'est trompé, il a pris votre boîte de somnifère.

– Et qu'est-ce que je vais faire, moi, si je n'ai pas mon somnifère?

– Ecoutez, Mathilde, je n'ai pas le temps de m'occuper de vous maintenant, il y a des choses plus graves.

M. Mousset court à la porte, il l'ouvre, sort sur le trottoir. Il voit, là-bas, de l'autre côté de la place, l'agent de police, M. Martin, qui s'en va tranquillement. M. Mousset le rattrape.

– Dites-moi, M. Martin, vous avez parlé avec le conducteur d'une voiture, devant chez moi il y a deux minutes, n'est-ce pas?

– Ah, oui, j'ai dit à ce monsieur de partir tout de suite, et il est parti.

– Il faut l'arrêter.

– L'arrêter, pourquoi?

– Je veux dire, il faut le retrouver tout de suite. Vous avez noté le numéro de la voiture?

– Non ... Vous comprenez, quand c'est un client à vous, je ne fais pas d'histoires ... Attendez, la voiture, c'est une Renault 9, blanche, une voiture des Côtes-du-Nord ... Oui, je me souviens, BB 22 ou DD 22, un numéro amusant, ça m'a frappé. Mais, dites-moi, c'est grave?

– Il s'est trompé de médicament, il est en danger de mort.

– Alors, il faut prévenir le Commissaire.

– Je vais prendre mon vélo pour aller plus vite. Ne m'attendez pas. Une Renault 9, blanche, des Côtes-du-Nord, c'est bien ça, n'est-ce-pas?

– Oui, BB 22 ou DD 22. Je ne me souviens pas du numéro, c'est dommage. Pour une fois que je suis gentil avec un automobiliste, ce n'est pas de chance!

M. Mousset revient à la pharmacie. Mlle Delage n'est plus là. Il monte au premier étage.

– Mais qu'est-ce que tu as, tu es tout pâle, demande sa femme.

– Une catastrophe, un client s'est trompé, il a emporté du Noctamax au lieu d'une boîte de Gastralgan.

– On va lui téléphoner.

– Mais non, tu ne comprends pas, c'est grave. Ce client, je ne le connais pas, et il est parti en voiture.

– Alors, qu'est-ce que tu vas faire?

– Je vais prévenir la police tout de suite. On peut faire des barrages sur les routes, peut-être?

– Va vite au commissariat, je descends au magasin. Mon Dieu, du Noctamax!

– Et c'est du Noctamax 50, par-dessus le marché, dit M. Mousset qui descend l'escalier quatre à quatre.

Derrière la pharmacie, dans la cour, il y a un vélo. M. Mousset est un sportif, il fait 80 ou 100 kilomètres à bicyclette tous les dimanches, et quand il est pressé, pour aller en ville, il prend son vélo au lieu de sa voiture. Ouvrir le garage, sortir la voiture, ça prend trois ou quatre minutes. Le vélo, il est prêt tout de suite, et, en ville, on va aussi vite, plus vite, même. En tout cas, aujourd'hui, M. Mousset bat tous les records. En deux minutes, il est au commissariat.

18 h 15. Au commissariat

– Bonjour, M. Mousset!

– Bonjour, le Commissaire est là?

– Oui, mais il est occupé.

– Je veux le voir tout de suite. C'est très grave. Un client qui s'est trompé de médicament. Il est parti en voiture, il est en danger de mort.

– Bon, je vais dire ça au Commissaire tout de suite. Asseyez-vous.

M. Mousset ne s'assied pas. Il attend, debout. Devant lui, il y a une grande carte, sur le mur, une carte d'Evron et des environs. On voit les routes qui partent dans toutes les directions. Un gros trait rouge marque l'autoroute Paris–Rennes. M. Mousset regarde ces routes qui font comme une toile d'araignée.

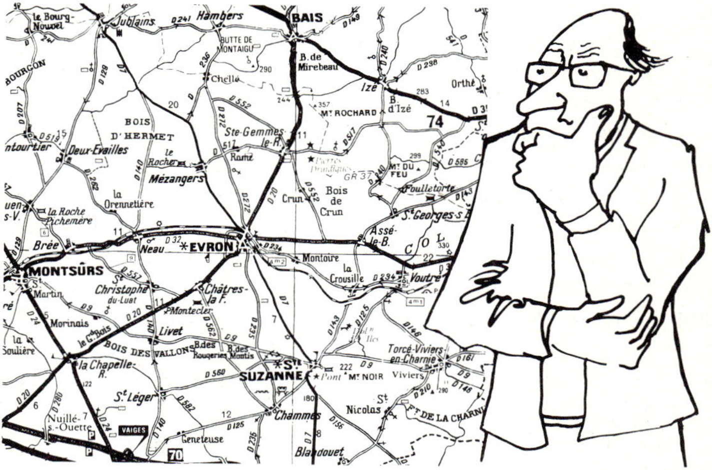

Sur une de ces routes, il y a le client de tout à l'heure, son client. Un homme qui est venu chez lui, qui lui a demandé conseil. Et maintenant, cet homme risque de s'endormir au volant et de se tuer. Tout cela à cause de Mathilde, une vieille fille qui ne peut pas dormir parce que les jeunes d'Evron aiment danser. C'est de leur âge. Pourquoi ne peut-elle pas comprendre ça, Mathilde? C'est simple! Oui, c'est bien simple.

– Pardon? dit le Commissaire qui vient d'entrer.

– Excusez-moi, M. le Commissaire, je crois que je parle tout seul. Mais vous savez, avec ce qui m'arrive! Vingt ans de pharmacie, et pas une seule erreur, pas un seul accident ... Et cet homme qui prend la boîte de Noctamax de Mathilde!

– Calmez-vous, M. Mousset, calmez-vous. Il y a eu erreur, mais ce n'est sans doute pas votre faute. Entrez dans mon bureau ... Par ici, s'il vous plaît. Asseyez-vous et racontez-moi votre affaire.

Pauvre M. Mousset, il est bouleversé, mais le Commissaire, M. Delépine, a l'habitude de recevoir des gens bouleversés. Il lui parle doucement, calmement, il prend des notes dans un petit carnet.

– Si j'ai bien compris, M. Mousset, vous avez dit à votre client de prendre ses comprimés juste avant de dîner. Il est un peu plus de six heures.

– Six heures et quart passées!

– Oui, vous avez raison, il est un peu plus de six heures et quart. Votre client ne va pas dîner avant sept heures et demie, ou peut-être même huit heures. Nous avons une bonne heure devant nous. En une heure, on peut le retrouver, ou le prévenir d'une façon ou d'une autre ... Et ce médicament, comment l'appelez-vous, déjà?

– Noctamax, Noctamax 50.

– Bon, alors, ce Noctamax est ...

– C'est un somnifère, un somnifère puissant et même dangereux si on n'a pas le cœur en bon état.

– Mais, dites-moi, M. Mousset, qu'est-ce qu'il y a d'écrit sur la boîte?

– Noctamax 50.

– Il n'y a pas «somnifère»?

– Non.

– Mais dans la boîte, il y a une notice?

– Naturellement.

– Et la notice dit que c'est un médicament dangereux.

– Une notice ne dit jamais que le médicament est dangereux.

– Mais on dit que c'est un somnifère?

– Bien sûr.

– Alors, votre client, avant de prendre les comprimés, il va sûrement lire la notice!

– Malheureusement, M. le Commissaire, tout le monde ne s'intéresse pas aux notices pharmaceutiques. J'ai beaucoup de clients qui ne les lisent jamais.

– Mais ils lisent au moins le nom qui est sur la boîte.

– Et alors?

– Sur la boîte de votre client, il y a écrit «Noctamax». Nox, noctis, en latin, ça veut dire «la nuit», n'est-ce pas?

– Vous savez, aujourd'hui, personne ne sait plus le latin.

– A part les pharmaciens ...

– Et les commissaires de police!

– Vous avez raison, on ne peut pas prendre de risques. Votre client n'est ni pharmacien, ni commissaire de police.

– Et je lui ai dit de prendre deux comprimés! S'il n'a pas le cœur solide, on ne sait pas ce qui peut arriver.

– De toute façon, on va le prévenir, et d'urgence!

Le Commissaire appuie sur le bouton d'un interphone.

– Martin est rentré? Dites-lui de venir!

Evidemment, les renseignements que donne l'agent Martin ne sont pas très précis: une Renault 9, blanche, immatriculée dans les Côtes-du-Nord ... il y a sûrement des centaines de Renault 9 blanches, immatriculées dans les Côtes-du-Nord.

En partant de la pharmacie, l'automobiliste a pris la rue qui conduit à la place de l'église. Malheureusement, à partir de la place, on peut aller dans toutes les directions, prendre la route de Sillé, de Mayenne, de Laval, d'Angers ou l'autoroute, vers Paris ou Rennes. C'est impossible de faire des barrages sur toutes ces routes et d'arrêter toutes les voitures. La meilleur solution est de passer un message à la radio.

Un message à la radio

Le Commissaire prépare le message. Il tend son papier à M. Mousset.

– Tenez, lisez, et dites-moi si ça va.

M. Mousset lit le message:

«Attention, cette personne est en danger! L'automobiliste circulant dans la région d'Evron, à bord d'une R 9 blanche, immatriculée dans les Côtes-du-Nord, est en danger. Il ne doit pas prendre le médicament qu'il a acheté vers 18 heures dans une pharmacie d'Evron. Il y a eu erreur. Le médicament que l'automobiliste a emporté est un somnifère puissant et dangereux. Il ne doit absolument pas prendre ce médicament. S'il l'a déjà pris, il doit contacter d'urgence le poste de police le plus proche. S'il est en voiture, il doit s'arrêter immédiatement.»

– Vous savez, Commissaire, dit M. Mousset, avec le Noctamax, il faut faire très attention. On le donne sur ordonnance et après un examen médical. Alors, si l'automobiliste a pris deux comprimés, je pense qu'il doit voir un médecin d'urgence.

– Mais s'il prend contact avec la police, on va faire venir un médecin.

– Le plus urgent pour lui, c'est de voir un médecin.

– Bon, alors, je mets: «il doit contacter d'urgence un médecin ou le poste de police le plus proche». Ça va comme ça?

– D'accord.

– Tenez, Martin, téléphonez tout de suite ce message à Radio-Mayenne. C'est à diffuser immédiatement sur Radio-Mayenne et, si possible, sur les émetteurs de Paris. Maintenant, M. Mousset, vous allez voir mon secrétaire. Il faut faire un rapport. Après, vous pouvez rentrer chez vous, vous ne pouvez plus rien faire … il faut attendre!

– En espérant que cet automobiliste écoute la radio.

On frappe à la porte.

– Entrez, dit le commissaire.

– On demande M. Mousset au téléphone, c'est Mme Mousset.

– Bon, j'arrive, dit M. Mousset.

– Ne vous dérangez pas, on va vous passer la communication ici, dit le commissaire.

M. Mousset décroche.

– Allô?

– C'est toi, Fernand?

– Oui. Tu as un problème?

– C'est Mlle Delage. Elle est revenue. Elle veut absolument son somnifère. Elle dit que …

– Dis-lui que son somnifère est en train de tuer quelqu'un, peut-être! Oh, non, ne lui dis rien, ce n'est pas sa faute, à cette pauvre Mathilde. Donne-lui une boîte de Noctamax 50. Mais surtout dis-lui de prendre un seul comprimé.

– Bien … Alors, est-ce que la police a pu faire quelque chose?

– On passe un message à la radio.

– Tu reviens bientôt?

– Oui, dans un petit moment.

– A tout à l'heure!

18 h 30. Frédéric

Mlle Delage vient de partir avec son somnifère. Mme Mousset allume la radio. C'est Radio-Mayenne. On entend une chanson à la mode, puis un speaker qui dit: «Voici maintenant un communiqué: Cette personne est en danger ...»

A ce moment, Frédéric, le fils de M. et de Mme Mousset, un garçon de 14 ans, entre dans la pharmacie.

– 'Soir, maman! Tiens, tu écoutes la ...

– Chut!

Frédéric se tait. Il écoute, lui aussi.

– Dis, maman, la pharmacie d'Evron, c'est nous?

– Oui.

– Alors, la voiture, je l'ai vue.

– Tu l'as vue?

– Oui, devant la pharmacie, quand je suis sorti, vers 6 heures. C'est une Renault 9, blanche, avec un numéro amusant, PP 22. Même que j'ai pensé: «Tiens, c'est un Pépé des Côtes-du-Nord!» La voiture est toute neuve, mais le pare-chocs arrière est déjà enfoncé. Je me suis dit: «Le Pépé a sans doute reculé dans un arbre.» Oh, tu sais, c'est quelqu'un de Saint-Brieuc! C'est amusant, tu ne trouves pas?

– Comment sais-tu ça?

– Pas difficile, à l'arrière de la voiture, il y a une étiquette: «Garage de la gare. Saint-Brieuc». Tu te rappelles le garage de la gare? C'est là qu'on a fait réparer la voiture, cet été, quand on est tombé en panne.

– Tu es sûr que tu as vu l'étiquette?

– C'est vrai, maman, je te jure. C'est important?

– Oui, je crois. Maintenant, laisse-moi, je vais téléphoner à la police.

– Oh, je peux bien rester ...

Mme Mousset fait le numéro du commissariat.

– Allô? C'est Mme Mousset. Est-ce que je peux parler au Commissaire ou à mon mari?

– Je vous passe le Commissaire …

– Allô?

– Ah, M. Delépine! C'est encore Mme Mousset. Voilà, j'ai quelque chose à vous dire, je crois que c'est important. Mon fils Frédéric a vu la voiture, et il a remarqué, derrière, une étiquette du garage de la gare, à Saint-Brieuc. Le numéro de la voiture se termine par PP 22, P comme Paul. Et le pare-chocs arrière est enfoncé.

– Eh bien, dites-moi, votre Frédéric n'a pas les yeux dans sa poche!

– C'est important, n'est-ce pas?

– Très important, c'est notre premier renseignement un peu précis. Toutes mes félicitations à Frédéric.

– Merci, je vais lui dire … Est-ce que vous avez fini avec mon mari?

– Oui, Madame, il va rentrer maintenant. Bonsoir, Madame, et mille mercis.

– Je vous en prie. Bonsoir, Monsieur.

Mme Mousset raccroche.

– Alors? demande Frédéric.

– Eh bien, M. Delépine te félicite. Grâce à toi, on va peut-être retrouver l'automobiliste.

Le garage de la gare

Oui, c'est ce que pense le Commissaire. Avec un peu de chance, on va retrouver l'automobiliste. Le téléphone sonne.

– Vous avez le garage de la gare, M. le Commissaire.

– Merci. Allô? … Le garage de la gare? Qui est à l'appareil?

– Le propriétaire du garage, M. Gourvenec.

– Bonsoir, Monsieur. Ici, M. Delépine, commissaire de police à Evron, dans la Mayenne. Voilà pourquoi je vous téléphone. Nous devons absolument retrouver d'urgence un de vos clients.

– Qui ça?

– Justement, le problème est que nous ne connaissons pas son nom. Nous savons seulement qu'il a acheté chez vous une Renault 9 blanche. La voiture est presque neuve. Le numéro se termine par PP 22.

– Ah, attendez … C'est peut-être M. Lenormand. Il a une Renault 9, et un numéro PP 22. Quand on lui a donné ce numéro, M. Lenormand a été à la préfecture, pour demander un autre numéro, mais on n'a pas pu changer. Il est furieux. Vous pensez, tout le monde ici l'appelle «Pépé 22», maintenant. Pépé! Il a 35 ans!

– La voiture que nous cherchons a le pare-chocs arrière enfoncé.

– Alors, là, c'est lui. Il n'y a pas de doute. Il a pris rendez-vous pour la réparation, la semaine prochaine.

– Vous avez le numéro de la voiture?

– Une seconde, je regarde mes factures … Voilà: Lenormand, R 9, numéro 6859 PP 22.

– Son adresse?

– 48, rue Gambetta, téléphone 38 99 38, Michel Lenormand. Il est représentant de commerce.

– Marié?

– Oui.

– Sa femme travaille?

– Non, elle a un bébé. Elle est sûrement à la maison à cette heure.

– Et si elle n'est pas là, est-ce que je peux téléphoner à la famille ou à des amis?

– Les parents de Mme Lenormand habitent à Saint-Brieuc. Ils ont une épicerie, Grande rue. Le Calvez. Mais je n'ai pas le numéro de téléphone.

– Ça ne fait rien, ce n'est pas difficile à trouver. Merci, M. Gourvenec.

– Mais, dites-moi, vous cherchez M. Lenormand pourquoi?

– Il y a eu erreur dans un médicament. Ça peut être dangereux pour lui. Il faut le prévenir d'urgence. On passe des message à la radio.

– Malheureusement, il n'a pas la radio dans sa voiture.

– Ah, zut! Mais puisqu'il est passé à Evron, c'est qu'il est sur la route, loin de chez lui. Il va peut-être téléphoner à sa femme.

– Oui, espérons!

– Je vais la prévenir tout de suite.

– Faites tout ce que vous pouvez, Commissaire. M. Lenormand est un gentil garçon, vous savez. Tout le monde l'aime bien ici.

– Soyez tranquille, on va le retrouver!

– Eh bien, bonne chance, Commissaire!

– Merci, au revoir.

M. Delépine appelle l'agent Martin par l'interphone.

– Martin? Vous avez le message pour la radio? Vous pouvez me l'apporter? Il y a du nouveau.

Quelques minutes plus tard, un nouveau message passe à Radio-Mayenne: «Attention, cette personne est en danger. M. Lenormand, représentant de commerce, de Saint-Brieuc, est en danger. Il circule en ce moment dans la région d'Evron. Il a une R 9, blanche, numéro 6859 PP 22. M. Lenormand a acheté un médicament vers 18 heures, dans une pharmacie à Evron. Il y a eu erreur. Ce médicament est un somnifère dangereux. M. Lenormand ne doit absolument pas le prendre. S'il l'a déjà pris, il doit contacter d'urgence un médecin ou le poste de police le plus proche. Attention, M. Lenormand n'a pas la radio dans sa voiture. Prière à toute personne qui rencontre M. Lenormand, de le prévenir immédiatement. M. Lenormand est en danger de mort. Toute personne qui voit la Renault 9, blanche, numéro 6859 PP 22 est priée de contacter immédiatement la police. Je répète que M. Lenormand est en danger de mort.»

On cherche M. Lenormand

Le commissaire Delépine a fait appeler le numéro de M. Lenormand, mais personne ne répond. On appelle l'épicerie Le Calvez, Grande rue.

– Commissaire, vous avez M. Le Calvez au téléphone.

– Merci ... Allô, M. Le Calvez?

– Oui, qui est à l'appareil?

– M. Delépine, Commissaire de police à Evron, dans la Mayenne. M. Le Calvez, nous avons besoin de parler à votre fille, Mme Lenormand.

– Ma fille? La police? Son mari a eu un accident?

– Mais non, Monsieur. Ne vous inquiétez pas, M. Lenormand est sûrement en bonne santé, mais pour éviter un accident, justement, nous voulons lui parler d'urgence. Sa femme peut nous aider. Mais elle ne répond pas au téléphone.

– Elle est venue ici, tout à l'heure, avec le bébé. Elle est partie il y a dix minutes. Elle est rentrée, maintenant, ou elle va rentrer d'une minute à l'autre.

– Bon, nous allons l'appeler. Mais, pour plus de sûreté, pouvez-vous aller chez elle? Si elle n'est pas là, laissez un mot sur la porte, demandez-lui d'appeler le 48 55 55 à Evron. C'est urgent.

– Rien de grave?

– Une simple erreur, une erreur de médicament, mais ça peut être grave. Excusez-moi, je n'ai pas le temps de vous expliquer. J'appelle votre fille tout de suite.

– Et moi, je vais chez elle.

– C'est ça. N'oubliez pas le numéro, 48 55 55, à Evron, dans la Mayenne. Bonsoir, M. Le Calvez, et merci!

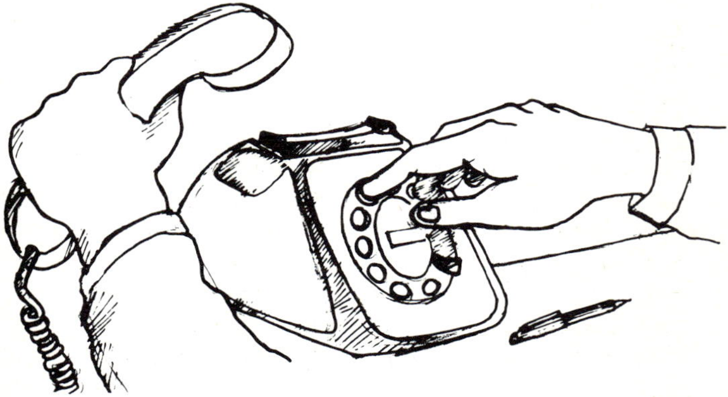

Le Commissaire raccroche. Il appelle Martin par l'interphone.

– Martin? Appelez le numéro de Mme Lenormand, laissez sonner, restez à l'écoute et prévenez-moi dès que vous avez une réponse.

M. Delépine regarde l'heure: sept heures et quart. Maintenant, il fait nuit. M. Mousset est venu au commissariat vers six heures et quart. Cela fait une heure qu'on essaie d'atteindre M. Lenormand, sans résultat. Il faut absolument le retrouver, le temps presse, c'est bientôt l'heure du dîner. Si M. Lenormand est sur la route, il va s'arrêter d'un instant à l'autre. Il va entrer dans un restaurant, il va prendre ses deux comprimés dans un verre d'eau, et alors ... S'il s'endort au milieu de son dîner, ce n'est pas grave, mais s'il a le temps de remonter en voiture, c'est la catastrophe!

19 h 20. Mme Lenormand

Le téléphone sonne. Le commissaire décroche.

– Ça y est, Commissaire, vous avez Mme Lenormand.

– Allô! ... Mme Lenormand?

– Oui, c'est moi.

– Bonsoir, Madame. Je suis M. Delépine, Commissaire de police à Evron. Je voudrais parler à votre mari.

– Michel? Mais il n'est pas là!

– Je sais, Madame, il est en voyage. Il est passé ici, à Evron, vers six heures.

– Evron? Où est-ce?

– Dans la Mayenne, entre Sillé et Laval.

– Mais pourquoi voulez-vous parler à mon mari?

– Il a acheté un médicament dans une pharmacie, à Evron, et on a fait une erreur.

– C'est grave?

– S'il prend le médicament, oui, ça peut être grave, mais on va le prévenir, on va le retrouver. Vous pouvez sûrement nous aider.

– Ecoutez, Monsieur, mon mari est allé à Paris hier. Il m'a téléphoné ce matin de son hôtel. Il m'a dit: «Je pars voir un client au Mans. Je dois y être vers midi. Après, j'ai un autre client à voir à Sillé, ensuite, je rentre.»

– Il rentre ce soir? Donc, il est en ce moment sur la route, entre Evron et Rennes. Est-ce qu'il va vous téléphoner avant de rentrer?

– Sûrement pas. Il me dit toujours: «Si je m'arrête pour te téléphoner, je perds un quart d'heure. Je préfère arriver un quart d'heure plus tôt à la maison.»

– Est-ce qu'il prend l'autoroute?

– Oui, toujours. Il dit que ça va plus vite.

– Alors, nous allons le retrouver facilement. Ne vous inquiétez pas, Madame, nous faisons tout notre possible. Nous avons passé des messages à la radio.

– Il n'a pas la radio dans sa voiture.

– Je sais, Madame, mais les autres automobilistes écoutent la radio. Ils vont voir la voiture de votre mari, nous donnons le numéro. Ils vont nous prévenir, ou prévenir votre mari.

– Et moi, est-ce que je peux faire quelque chose?

– Non, Madame. Seulement si votre mari téléphone. Dites-lui de ne pas conduire sa voiture et de contacter le poste de police le plus proche. Ne vous inquiétez pas, Madame, votre mari va rentrer tout à l'heure chez vous, en bonne santé, je vous le promets!

– Merci, Monsieur.

Le Commissaire raccroche. Il se penche sur la carte de l'autoroute. Il appuie sur le bouton de l'interphone.

– Lenormand est sur l'autoroute, entre Vitré et Rennes. Appelez le poste de police de l'autoroute. Appelez aussi la radio, dites bien que Lenormand est sur l'autoroute, entre Vitré et Rennes, et qu'il n'a pas la radio. Faites appel à tous les automobilistes qui sont en ce moment sur l'autoroute.

19 h 30. Deux comprimés dans un verre d'eau

La police de l'autoroute est alertée. Deux voitures partent pour établir un barrage après Vitré, un autre, juste avant Rennes.

La R 9 de M. Lenormand roule à bonne allure. Les phares éclairent un panneau: il y a un restaurant à deux kilomètres. M. Lenormand regarde l'heure. Oui, il est temps de s'arrêter pour dîner.

Il voit une voiture de police qui vient de s'arrêter sur le côté de l'autoroute. Deux gendarmes descendent.

«Il n'y a pas d'accident, pense M. Lenormand ... Ah, on a peut-être signalé une voiture, les gendarmes vont faire un barrage.

Heureusement que je suis passé! Ah, voilà le restaurant.»

M. Lenormand freine, sort de l'autoroute. Le parking du restaurant est presque vide. M. Lenormand descend de sa voiture.

«Un peu d'air frais, ça fait du bien!»

Il se dirige vers le restaurant. Il entre.

– Bonsoir!

– Bonsoir, Monsieur. C'est pour dîner?

– Oui.

– Vous êtes seul? Tenez, installez-vous ici. Je vous apporte le menu.

– Oh, ce n'est pas la peine, donnez-moi seulement une omelette nature et un verre de vin.

– C'est tout?

– Oui, je n'ai pas très faim.

– Je vous comprends, moi, la voiture, ça me coupe l'appétit.

– Oh, donnez-moi aussi un verre d'eau.

– Vichy?

– Non, de l'eau ordinaire. Un verre, seulement.

– Vous avez raison, l'eau est très bonne ici. Je vous apporte ça tout de suite.

M. Lenormand regarde l'heure: 7 heures et demie. Encore une bonne centaine de kilomètres à faire. Bon, il ne va pas arriver trop tard, aujourd'hui.

Le patron a allumé la télévision. Il y a un match de football. M. Lenormand aime bien le football. Il regarde.

– Voilà un verre d'eau. L'omelette arrive tout de suite.

– Merci.

M. Lenormand prend la boîte de comprimés dans sa poche. Il l'ouvre, prend deux comprimés, et les avale avec un verre d'eau. Il n'a même pas regardé la boîte. Le match est vraiment très intéressant.

Un quart d'heure plus tard, M. Lenormand a terminé son dîner. Il paie et s'en va.

– Bonsoir, Monsieur, merci, et bonne route!

M. Lenormand monte dans sa voiture, démarre et roule vers une sortie du parking. Il freine brusquement. Après la lumière du restaurant, il voit mal, dans la nuit, et il n'a pas vu un camion qui arrive au parking. Le chauffeur du camion fait des gestes.

– Une seconde, mon vieux, je recule ...

M. Lenormand est tous les jours sur la route. Il rencontre souvent des chauffeurs de camions, et il sait que ce n'est pas facile de passer, avec un gros camion, quand on n'a pas beaucoup de place. Surtout la nuit.

Il fait rapidement quelques mètres en marche arrière et prend une autre sortie.

– Et voilà, maintenant, tu as toute la place!

M. Lenormand arrive à l'autoroute. Il voit un jeune homme qui fait des signes. Il ralentit. Le jeune homme a l'air sympathique. M. Lenormand s'arrête. Il baisse la glace.

– Bonsoir, Monsieur ... Vous allez jusqu'à Rennes?

– Plus loin ... je vais à Saint-Brieuc. Je vous laisse à l'entrée de Rennes, si vous voulez. Montez.

– Merci, vous êtes bien aimable.

Le jeune homme monte, la voiture démarre.

19 h 50. Pour ou contre la radio

Le chauffeur du camion a vu le numéro de la voiture de M. Lenormand. Il a fait des gestes, et il est descendu de son camion, mais trop tard ... la Renault 9 blanche a disparu rapidement.

Le chauffeur court vers le restaurant.

– Bonsoir, Monsieur!

– Dites, vous avez le téléphone? ... Il faut appeler la police tout de suite.

– Pourquoi, qu'est-ce qu'il y a? Un accident?

– Non, mais j'ai vu la R 9 blanche.

– Quelle R 9 blanche?

– Vous n'avez pas entendu le message à la radio?

– Non, vous voyez bien qu'on regarde le match de football à la télé. Qu'est-ce qu'ils ont dit à la radio?

– Ils signalent une R 9 blanche, le conducteur est en danger de mort, une histoire de médicament. La voiture vient de sortir de votre parking, et j'ai bien vu le numéro, 6859 PP 22, c'est le numéro qu'on donne à la radio.

– Mince, alors! Le type est venu ici, il a dîné à la table, là-bas. Bon, je vous appelle la police, le poste de l'autoroute. C'est direct … Allô? Ici, le restaurant Lambert.

– Bonsoir, c'est Gautier à l'appareil. Ça va?

– Oui, mais j'ai un client qui a vu une voiture que vous cherchez.

– La R 9 blanche?

– Oui. Je vous le passe.

Le chauffeur prend le téléphone.

– Oui, voilà, je suis chauffeur de camion. Je viens de voir la R 9, N° 6859 PP 22. Le type est parti il y a deux minutes, dans la direction de Rennes.

– Bien! Merci! Depuis le temps qu'on le cherche! Dites, est-ce que le conducteur a pris des comprimés?

– Des comprimés? Je ne sais pas. Attendez, je vais demander.

Le chauffeur se tourne vers le patron.

– Dites, est-ce que vous savez si le type a pris des comprimés?

– Ça, je ne sais pas … Oh, si, attendez, il a demandé un verre d'eau ordinaire. Et il l'a bu. Quand je lui ai apporté son omelette, le verre était vide.

– Un verre d'eau comme apéritif, c'est pas normal. C'est sûrement pour prendre un médicament.

Le chauffeur reprend le téléphone.

– Allô? Oui, il a sûrement pris un médicament avant de dîner.

– Bon, merci du renseignement. Votre nom, s'il vous plaît?

– Tourneur, Léon Tourneur.

– Vous dînez chez Lambert?

– Oui. Je viens d'arriver.

– Alors, ne bougez pas. On vous rappelle, ou on vient vous voir pour le rapport. Bon appétit!

– Merci. A tout à l'heure, alors.

Le policier lance un appel radio:

– Ici le central … Appel aux deux barrages. La R 9 vient de quitter le restaurant Lambert, dans la direction de Rennes. Le conducteur a pris les comprimés. Je répète, le conducteur a pris les comprimés. Barrage de Rennes, arrêtez et contrôlez toutes les voitures. Barrage de Vitré, envoyez une voiture en direction de Rennes pour rattraper la R 9. Terminé. A vous!

– Ici, Vitré. Message reçu. La voiture part tout de suite. C'est Antoine, qui est au volant. Il va sûrement rattraper votre bonhomme!

Quelque part, entre les deux barrages, M. Lenormand roule à bonne allure, avec son passager. Ils bavardent. Le jeune homme raconte qu'il est étudiant. Il s'appelle Hervé Bongrain.

– Tiens, vous n'avez pas la radio, remarque Hervé. Ça ne vous intéresse pas?

– Si, mais ça coûte cher.

– Pas tellement.

– A moi, ça m'a déjà coûté pas mal d'argent. On m'a volé deux postes dans la voiture. Alors, j'ai dit: «Terminé». Je n'ai pas envie d'en acheter un troisième.

– Vous pouvez avoir un petit poste portatif. Vous ne le laissez pas dans la voiture, vous l'emportez quand vous laissez la voiture au parking.

– Un petit poste à piles? Ça ne marche pas dans une voiture.

– Si, ça marche.

– Vous croyez?

– Vous allez voir, j'en ai un dans mon sac.

Hervé sort un transistor de son sac. Il le met en marche. On entend la fin d'une chanson. Puis le speaker annonce: «Ici Radio-Mayenne, nous allons diffuser un communiqué.»

– Evidemment, dit M. Lenormand, ça marche sur Radio-Mayenne, parce qu'on est tout près de l'émetteur. Essayez autre chose!

Le speaker de Radio-Mayenne commence: «Cette personne est en dan ...» Hervé cherche un autre poste. On entend de la musique classique.

– Et voilà France-Musique.

– Vous avez raison, ça marche.
– Et quand on fait de la route, la radio, c'est bien agréable.
– Oh, vous savez, je n'ai pas besoin de la radio. Je préfère regarder le paysage.
– Et la nuit?
– Oh, la nuit, il faut faire attention, surtout quand on roule vite.
– On s'ennuie un peu, tout de même?
– Eh bien, voyez-vous, moi, je ne m'ennuie jamais. Et pourtant, je fais beaucoup de route, je fais souvent Saint-Brieuc-Paris et retour. Je suis représentant de commerce.
– Comment? Vous êtes représentant de commerce?
– Oui, qu'est-ce qu'il y a d'extraordinaire?
– Vous êtes représentant de commerce, vous êtes de Saint-Brieuc, vous avez une R 9 blanche ... Mais alors, vous êtes M. Lenormand.
– Comment le savez-vous?
– Monsieur, il faut vous arrêter tout de suite.
– M'arrêter? Mais pourquoi?
– Je vous en prie, Monsieur. Arrêtez-vous, je vais vous expliquer.

20 heures. Tout est bien qui finit bien

M. Lenormand freine, se range sur le côté de l'autoroute et arrête sa voiture. Il est furieux.
– Et maintenant, vous allez m'expliquer.
– Voilà. J'ai entendu un message à la radio, tout à l'heure, sur mon petit poste. La police lance un message pour vous.
– Pour moi?
– Oui, pour M. Lenormand, représentant de commerce, de Saint-Brieuc, roulant dans la direction de Rennes, à bord d'une R 9 blanche, N° 6859 PP 22.

– Oui, c'est bien moi. Mais ne criez pas si fort, j'ai mal à la tête.

M. Lenormand baisse la glace.

– Et qu'est-ce qu'elle me veut, la police?

– Vous avez acheté un médicament dans une pharmacie, à Evron.

– Evron? Où est-ce que c'est Evron?

– Dans la Mayenne. Est-ce que vous avez pris ce médicament?

– Quel médicament? Et puis, ne criez pas comme ça, je vous dis que j'ai mal à la tête ...

M. Lenormand se penche sur son volant. Il dit des choses bizarres: «Evron, dans la Mayenne ... deux comprimés avant le repas ... la choucroute, c'est mauvais ... omelette ...»

Hervé essaie de lui parler, mais M. Lenormand ne répond pas. Il est tombé en avant, sur son volant. Il s'est endormi.

Hervé prend la clé de contact, la met dans sa poche. Il descend de la voiture et se met à courir. Quelques instants plus tard, il arrive à un téléphone de secours. Il décroche.

«Allô? La police de l'autoroute? Je veux vous prévenir que la personne que vous cherchez, M. Lenormand, de Saint-Brieuc ...

– La R 9 blanche? Vous l'avez vue?

– Oui, la R 9 blanche est arrêtée à 500 mètres environ de ce poste téléphonique. M. Lenormand est endormi. Tout va bien.

– Parfait! Merci mille fois! Restez où vous êtes, on vous envoie une voiture, ça ne va pas être long.

Deux minutes plus tard, une voiture de police arrive. Hervé monte et conduit les gendarmes jusqu'à la voiture de M. Lenormand. On prend la voiture de M. Lenormand en remorque, jusqu'au poste de police. On appelle un médecin.

20 h. 15. On prévient M. Delépine à Evron que M. Lenormand est sain et sauf. M. Delépine téléphone à Mme Lenormand et à M. Mousset.

Hervé Bongrain a trouvé une autre voiture pour Rennes.

M. Lenormand est couché sur un lit, dans le poste de police. Un médecin est près de lui. M. Lenormand dort toujours.

Près de son lit, il y a un petit poste de radio, avec un message:

Je voudrais vous remercier, alors, je vous laisse mon poste de radio. Mettez-le dans votre voiture. On ne sait jamais, ça peut vous être utile.
Votre autostoppeur,
Hervé Bongrain

Vocabulaire

	danger *m* de mort	Lebensgefahr
5	un département	Regierungsbezirk
	connu, e (connaître)	bekannt
	une région [reʒjõ]	Region
	un champ [ʃɑ̃]	Feld
	un bois	Wald
	depuis qu'elle est née	seit ihrer Geburt
	né, e (naître)	geboren
	mort, e	gestorben
	ni … ni …	weder … noch
	elle vit (vivre)	sie lebt (leben)
	seul, e	allein
	un quartier	Stadtteil
	tranquille	ruhig
	deux fois par semaine	zweimal die Woche
	donner de l'animation	beleben
	une distraction	Abwechslung
	une messe	Gottesdienst
	retrouver qn	antreffen
	une connaissance	Bekannte(r)
	bavarder	schwatzen, plaudern
	à la sortie de l'église	am Ausgang der Kirche
	un notaire	Notar
	par exemple	zum Beispiel
6	avoir bon appétit	einen großen Appetit haben
	à part	abgesehen von
	un rhume [rym]	Erkältung
	une grippe	Grippe
	de temps en temps	von Zeit zu Zeit
	et voilà que	und jetzt
	tout d'un coup	plötzlich
	bouleverser	durcheinanderbringen
	la quinzaine commerciale	ein vierzehn Tage langes Stadt- bzw. Straßenfest. Es wird von den Geschäftsleuten einer Stadt veranstaltet, um die Geschäfte anzukurbeln
	installer un bal populaire	Vorkehrungen für eine öffentliche Tanzveranstaltung treffen
	à cause de	wegen
	des jeunes gens	einige junge Leute
	parler fort	laut reden
	rire	lachen
	finir par faire qch	schließlich noch etwas tun
	tomber malade	krank werden
	c'est pourquoi	deshalb
7	avoir rendez-vous	einen Termin haben

	Ça ne fait rien.	Das macht nichts.
	par ici	hierher
	personne ne	niemand/keiner
	passer (dans le cabinet du médecin)	hineingehen
	un œil, des yeux [œj, jø]	ein Auge, Augen
	excusez-moi	entschuldigen Sie
	faire attendre qn	jdn. warten lassen
	je vous prie	bitte
	tiens, tenez	warten Sie mal/ schauen Sie mal/hier
	ce qui	was
	un sourire	Lächeln
	sembler	scheinen
8	rester sans dormir	ohne Schlaf auskommen
	faire du bruit	Krach machen
	un somnifère [sɔmnifɛr]	Schlafmittel
	n'est-ce pas?	nicht wahr?
	normalement	normalerweise
	avoir du mal à dormir	Schlafschwierigkeiten haben
	léger, légère [leʒe, -ɛr]	leicht
	avoir ses habitudes	seine Gewohnheiten haben
	avoir l'habitude de	die Gewohnheit haben zu
	évidemment	(ici) natürlich
	solide	kräftig
	faire un examen [ɛgzamɛ̃]	eine Untersuchung machen
	aussi fort que	so stark wie
9	le Noctamax	ein Schlafmittel
	remercier	danken
	s'en aller	weggehen
	passer devant	vorbeigehen
	un pharmacien	Apotheker
	tout à l'heure	(ici) gerade, eben
	un événement	Ereignis
	Vous n'êtes pas malade au moins?	Sie sind doch wohl nicht krank?
	Qu'est-ce qui vous arrive?	Was ist mit Ihnen los?
	grave	schlimm
	simplement	einfach
	danser	tanzen
	Il n'y a pas de danger!	Da brauchen Sie bei mir keine Angst zu haben!
	empêcher qn de faire qch	jdn. daran hindern, etwas zu tun
	sortir qch	etw. herausnehmen
10	le cœur	Herz
	au coucher	wenn Sie ins Bett gehen
	se pencher vers qn	sich in Richtung von jdm beugen
	baisser la voix	die Stimme senken
	Je tiens à la vie.	Ich lebe gern.
	un rayon [rɛjõ]	Regal
	Vous en faites, des écritures!	Sie schreiben aber viel!

	être obligé, e (de)	zu etwas verpflichtet sein
	passer	vorbeifahren
	lever les yeux	aufschauen
	un étranger, une étrangère [-ʒe, -ʒɛr]	Fremde(r)
	sans doute	(ici) wahrscheinlich
	sûrement	sicherlich
	arrêter sa voiture	sein Auto anhalten
	tout près	ganz in der Nähe
	un comptoir [kõtwar]	ein Ladentisch
	un endroit	Stelle
	se diriger vers	auf etwas zukommen
	toutes sortes de gens	allerlei Leute
11	en effet	in der Tat
	mettre en service	in Betrieb nehmen
	Le Mans [ləmɑ̃]	
	le nord	Norden
	inconnu, e	unbekannt
	un automobiliste	Autofahrer
	aimablement	freundlich
12	avec curiosité	neugierig
	porter un costume	einen Anzug tragen
	gris clair	hellgrau
	une qualité [kalite]	Qualität
	un Parisien, une Parisienne	Pariser(in)

Ça me brûle.	Ich habe Sodbrennen.	
terriblement	schrecklich	
avoir mal à la tête	Kopfschmerzen haben	
une choucroute	Sauerkraut	
être pressé, e	es eilig haben	
J'ai des kilomètres à faire.	Ich muß noch viele Kilometer zurücklegen.	
digérer	verdauen	
la digestion	Verdauung	
un repas	Essen	
devoir qch à qn	jdm etwas schulden	
jeter un regard	einen Blick werfen	
précipitamment	überstürzt	13
Ça va s'arranger.	Das wird schon gutgehen.	
méchant	böse	
s'approcher de	sich nähern an	
un carnet	Notizbuch	
discuter	reden	
alors?	also?	
filer	weggehen, abhauen	
démarrer	abfahren	
une erreur	Fehler	14
Gastralgan [gastralgɑ̃]		
reposer qch	etwas zurückstellen	
pâle [pal]	blaß	
se tromper (de)	sich irren	
tranquillement	langsam	
rattraper qn	jdn einholen	

	arrêter qn	1. jdn anhalten; 2. jdn verhaften
	retrouver	wiederfinden
	les Côtes-du-Nord	Name eines Departements
	se souvenir de qch	sich erinnern an
	Ça m'a frappé.	Das ist mir aufgefallen.
	prévenir qn	jdn benachrichtigen
	un vélo	Fahrrad
15	c'est dommage	(wie) schade
	au lieu de	anstatt
	faire un barrage	eine (Straßen-)-Sperre einrichten
	par-dessus le marché	noch dazu
	quatre à quatre	jeweils vier Stufen auf einmal
	un sportif	Sportler
	Ça prend trois minutes.	Das dauert drei Minuten.
	en tout cas	auf jeden Fall
	battre un record [rəkɔr]	einen Rekord brechen
16	debout	stehend
	les environs	Umgebung
	un trait [trɛ]	Strich
	marquer	zeichnen
	une toile d'araignée	Spinnengewebe
	demander conseil à qn	jdn um Rat fragen
	risquer de se tuer [tɥe]	Gefahr laufen zu sich töten

une vieille fille	eine alte Jungfer	
Ce n'est pas votre faute.	Es ist nicht Ihre Schuld.	17
Racontez-moi votre affaire.	Erzählen Sie mir, um was es geht.	
pauvre	arm	
recevoir	empfangen	
doucement	sanft	
calmement	ruhig	
prendre des notes [nɔt]	sich Notizen machen	
six heures passées	sechs Uhr durch, schon nach 6 Uhr	
d'une façon ou d'une autre	(auf die eine oder andere Art), irgendwie	
Comment l'appelez-vous, déjà?	Wie heißt es noch?	
puissant, e [pɥisɑ̃, ɑ̃t]	stark	
naturellement	natürlich	
avant de prendre …	bevor er … nimmt	18
malheureusement	unglücklicherweise	
pharmaceutique [farmasøtik]	pharmazeutisch	
ça veut dire	das bedeutet	
prendre des risques	Risiken auf sich nehmen	
appuyer sur un bouton [apɥije]	auf einen Klingelknopf drücken	
un interphone [ɛ̃tɛrfɔn]	Lautsprecher	
précis, e	genau	

	immatriculé, e	registriert
	une centaine de	etwa hundert
	conduire à	führen zu
	à partir de	von … aus
	Sillé [sije] = Sillé-le-Guillaume	
	Angers [ɑ̃ʒe]	
	le meilleur, la meilleure	der/die beste
	une solution	Lösung
	un message	Durchsage
	passer un message à la radio	eine Durchsage bringen
19	tendre qch à qn	jdm etwas überreichen
	circuler	fahren
	à bord de	in (einem Fahrzeug)
	absolument pas	auf keinen Fall
	contacter qn	sich mit jdm in Verbindung setzen
	d'urgence	dringend zum Verb
	un poste de police	Polizeirevier
	proche	nahe
	immédiatement	sofort
	prendre contact avec [kõtakt] = contacter	
	urgent, e	dringend zum Substantiv
	je mets = j'écris	
20	diffuser	senden
	un émetteur	Sender
	faire un rapport	etwas zu Protokoll nehmen
	Ne vous dérangez pas.	Bemühen Sie sich nicht.

passer une communication	ein Telefongespräch durchgeben	
décrocher	abnehmen	
un seul comprimé	eine einzige Tablette	
à tout à l'heure	bis bald	
à la mode [mɔd]	aktuell	21
un speaker [spikœr]	Moderator	
un communiqué = un message		
'soir! = bonsoir!		
chut! [ʃyt]	Schh!	
se taire	schweigen	
pépé	Opa	
un pare-chocs [parʃɔk]	Stoßstange	
enfoncé, e	eingedrückt	
reculer	zurückfahren	
difficile	schwierig	
une étiquette	Schild	
tomber en panne	eine Panne haben	
Je te jure.	Ich schwöre es dir.	
laisse-moi	laß' mich mal allein	
remarquer	bemerken	22
mes félicitations à Frédéric	Kompliment an F.	
Je vous en prie.	Nichts zu danken.	
raccrocher	auflegen	
grâce à	dank	
un propriétaire	Besitzer	23
Gourvenec [gurvənɛk]		
justement	genau	
seulement	nur	

	Lenormand [lənɔrmɑ̃]	
	la préfecture	Landratsamt
	changer	wechseln
	furieux, -euse	wütend
	Il n'y a pas de doute.	Es gibt keinen Zweifel.
	une réparation	Reparatur
	une facture	Rechnung
24	un représentant de commerce	Vertreter
	un bébé	Baby
	une épicerie	Lebensmittelgeschäft
	Le Calvez [ləkalvez]	
	puisque [pɥisk(ə)]	da
	un gentil garçon	ein netter Kerl
	Bonne chance!	Viel Glück!
	Il y a du nouveau.	Es gibt eine Neuigkeit. (Neuigkeiten/neue Entwicklungen)
	plus tard	später
25	prière à ... de rencontrer	eine Bitte an ... zu begegnen
	prier qn de	jdn bitten, etwas zu tun
	Ne vous inquiétez pas.	Machen Sie sich keine Sorgen.
	éviter qch	etwas verhindern
	aider qn	jdm helfen
	d'une minute à l'autre	von einer Minute zur anderen
	pour plus de sûreté [syrte]	um auf Nummer sicher zu gehen

rester à l'écoute	am Apparat bleiben	26
dès que	sobald	
atteindre	erreichen	
un résultat	Ergebnis	
le temps presse	die Zeit drängt	
un instant	Moment	
au milieu de	mitten in	
remonter en voiture	wieder ins Auto steigen	
préférer	vorziehen	27
plus tôt	früher	
facilement	leicht	
faire tout son possible	alles tun, was man kann	
faire appel à qn	sich an jdn wenden	28
alerter qn	jdn alarmieren	29
établir un barrage	eine Verkehrskontrolle errichten	
à bonne allure	schnell	
un phare	Scheinwerfer	
éclairer	beleuchten	
un panneau	Verkehrsschild	
signaler	(ici) als gesucht melden	
freiner	bremsen	
Ça fait du bien.	Das tut gut.	
un menu	Speisekarte	30
ce n'est pas la peine	es lohnt sich nicht/das brauchen Sie nicht	
une omelette nature	eine Omelette ohne Füllung	
Ça me coupe l'appétit.	Das verdirbt mir den Appetit.	

	Vichy = eau de Vichy	Franz. Mineralwasser
	le patron	der Wirt
31	avaler	schlucken
	brusquement	plötzlich, stark
	la lumière	Licht
	mon vieux	(ici) Freundchen
	rapidement	schnell
	en marche arrière	im Rückgang
	faire des signes	winken
	ralentir	langsamer fahren
	baisser la glace	das Fenster herunterkurbeln
	aimable	liebenswürdig
32	une histoire de médicament	es hat irgendetwas mit einem Arzneimittel zu tun
33	Mince, alors!	Donnerwetter!
	se tourner vers	sich wenden an
	Ne bougez pas.	Bleiben Sie da.
	rappeler qn	jdn wieder anrufen
34	envoyer	schicken
	terminé	Ende
	reçu (recevoir)	erhalten
	un passager, une passagère [-aʒe, -aʒɛr]	Fahrgast
	un étudiant, une étudiante	Student(in)
	ça coûte cher	es kostet viel, es ist teuer
	pas tellement	nicht so viel, so viel nun auch wieder nicht, nicht so sehr
	pas mal d'argent	eine nette Summe
	un poste portatif	ein tragbares Radio
	à piles	mit Batterien
	un poste = un émetteur	
	de la musique classique	klassische Musik
35	faire de la route	mit dem Auto unterwegs sein
	le paysage	die Landschaft
	tout de même	trotzdem
	pourtant	dennoch
	et retour	und zurück
	extraordinaire	außerordentlich
	je vous en prie = s'il vous plaît	
	se ranger sur le côté	auf die Standspur fahren und anhalten
37	Qu'est-ce qu'elle me veut?	Was will sie (die Polizei) von mir?
	bizarre	seltsam
	tomber en avant	vornüber kippen
	une clé de contact	Zündschlüssel
	un téléphone de secours	Notrufsäule
	environ	ungefähr
	Parfait!	(ici) Ausgezeichnet!
	conduire qn	jdn führen
	prendre en remorque	schleppen
	sain et sauf [sɛ̃, sof]	unversehrt
38	utile	nützlich
	autostoppeur	Tramper